Petit monde vivant

L'hibernation

John Crossingham et Bobbie Kalman

Traduction : Paul Rivard

L'hibernation est la traduction de *What is Hibernation?* de John Crossingham et Bobbie Kalman (ISBN 0-86505-964-0).
© 2002, Crabtree Publishing Company, 612 Welland Ave., St. Catharines, Ontario, Canada L2M 5V6

Catalogage avant publication de la Bibliothèque nationale du Canada

Kalman, Bobbie, 1947-

L'hibernation

(Petit monde vivant)
Traduction de: What is hibernation?.
Comprend un index.
Pour enfants de 6 à 10 ans.

ISBN 2-920660-95-0

1. Hibernation - Ouvrages pour la jeunesse. I. Crossingham, John, 1974- . II. Titre. III. Collection: Kalman, Bobbie, 1947- . Petit monde vivant.

QL755.C7614 2003   j591.56'5   C2003-940147-2

Nous reconnaissons l'aide financière du gouvernement du Canada par l'entremise du Programme d'aide au développement de l'industrie de l'édition (PADIÉ) pour nos activités d'édition.

Conseil des Arts du Canada   **Canada Council for the Arts**

Éditions Banjo remercie
le Conseil des Arts du Canada du soutien
accordé à son programme d'édition dans
le cadre du programme des subventions
globales aux éditeurs.

Cet ouvrage a été publié
avec le soutien de la SODEC.

Gouvernement du Québec – Programme de crédit
d'impôt pour l'édition de livres – Gestion SODEC.

Dépôt légal – Bibliothèque nationale du Québec, 2003
Bibliothèque nationale du Canada, 2003
ISBN 2-920660-**95**-0

L'hibernation
© Éditions Banjo, 2003
233, av. Dunbar, bureau 300
Mont-Royal (Québec)
Canada H3P 2H4
Téléphone : (514) 738-9818 / 1-888-738-9818
Télécopieur : (514) 738-5838 / 1-888-273-5247

Imprimé au Canada

Table des matières

Qu'est-ce que l'hibernation ?

De nombreuses régions du monde ont des hivers rudes. La neige y recouvre le sol, les étangs sont gelés et la nourriture est rare. Les animaux qui ne supportent pas les rigueurs de l'hiver ou qui sont incapables de trouver de la nourriture au cours de la saison froide doivent trouver des façons de survivre. Certains migrent vers des lieux plus chauds. D'autres hibernent, c'est-à-dire qu'ils passent l'hiver dans un état d'engourdissement proche du sommeil.

Mais l'hibernation est différente du sommeil normal. L'animal en état d'hibernation vit au ralenti : sa respiration et les battements de son cœur sont extrêmement lents, au point que son corps devient froid. L'animal semble mort, mais il vit toujours. Son organisme fonctionne tellement au ralenti que l'animal n'a presque plus besoin de nourriture. Il tire toute son énergie de la graisse qu'il a emmagasinée dans son corps.

*De nombreux animaux hibernent sous terre, où ils sont protégés du froid. On appelle **terriers** ou tanières leurs abris souterrains.*

Vrai ou faux ?

De petits animaux comme les loirs, qu'on peut voir à gauche, et les **spermophiles** arctiques sont de vrais hibernants. Les vrais hibernants dorment pendant plusieurs mois. Au cours de cette période, la température de leur corps descend près du point de congélation. Des animaux de plus grande taille, comme les ratons laveurs et les ours, passent une grande partie de l'hiver à dormir, mais ils se réveillent souvent. La température de leur corps ne baisse pas autant que chez les vrais hibernants.

Quel est le bon moment ?

Les animaux doivent entrer en hibernation au bon moment. S'ils le font trop tôt, ils épuisent leurs réserves de graisse avant la fin de l'hiver et meurent. Selon les scientifiques, c'est la durée du jour qui indique aux animaux quand commence leur hibernation. À l'approche de l'hiver, la durée d'ensoleillement diminue. Les animaux savent qu'il est temps d'hiberner dès que les jours ont suffisamment raccourci.

Différents types d'hibernation

Il existe de nombreux types d'hibernation adaptés aux animaux et aux habitats particuliers. Les animaux des régions **tempérées** n'ont besoin que de quelques semaines d'hibernation, alors que les couleuvres rayées de la **toundra** hibernent huit mois par an ! Dans chaque cas, le corps de l'animal subit les changements nécessaires à sa survie dans un climat rigoureux.

Pourquoi les animaux dorment-ils ?

Si tous les animaux n'hibernent pas, tous se reposent ou dorment pour refaire le plein d'énergie. L'énergie est la force dont les animaux ont besoin pour faire toute chose. Ils dépensent une certaine quantité d'énergie pour respirer et grandir, pour courir, grimper ou voler, pour se nourrir et conserver la chaleur de leur corps. Si les animaux étaient toujours en état de veille, ils épuiseraient vite leurs réserves d'énergie et s'affaibliraient.

De nombreux animaux voient mal dans l'obscurité; aussi dorment-ils la nuit. Au lever du jour, ils sont bien reposés et peuvent se mettre à la recherche de nourriture. D'autres animaux voient bien dans l'obscurité : ils dorment durant le jour et chassent la nuit.

Les grands félins, comme le léopard ci-dessus, dépensent une grande quantité d'énergie lorsqu'ils chassent. Ils ont besoin de dormir beaucoup.

Aux aguets

Les habitudes de sommeil d'un animal dépendent aussi de ses ennemis. Les puissants **prédateurs**, comme les tigres, n'ont pas d'ennemis. Ils peuvent dormir durant de longues périodes sans se réveiller. Les animaux qui constituent des proies pour d'autres, comme les cervidés et les girafes, ne peuvent dormir que durant de courtes périodes. Ils doivent être vigilants, au cas où des prédateurs s'approcheraient d'eux.

En quoi l'hibernation est-elle différente ?

Les animaux dorment tous les jours pour ménager leurs forces, mais ils doivent se réveiller et se nourrir pour renouveler leur énergie. Leur corps digère la nourriture et la transforme en énergie qu'ils peuvent utiliser. Les animaux doivent aussi se réveiller pour évacuer les déchets de leur organisme.

La plupart des animaux épuiseraient leurs réserves d'énergie s'ils dormaient sans arrêt et ne se réveillaient pas pour manger. Un animal hibernant, lui, peut passer des mois sans manger. Comme il dépense très peu d'énergie, il peut vivre de ses réserves de graisse. N'ayant besoin ni de manger ni de boire, il n'a pas de déchets à évacuer (voir page 13).

La plupart des adultes dorment environ huit heures par nuit, mais les enfants doivent dormir davantage. Toi, combien d'heures dors-tu chaque nuit ?

Les girafes ne dorment pas beaucoup. Elles doivent rester aux aguets pour échapper aux prédateurs, surtout lorsqu'elles ont des petits !

Le temps des provisions

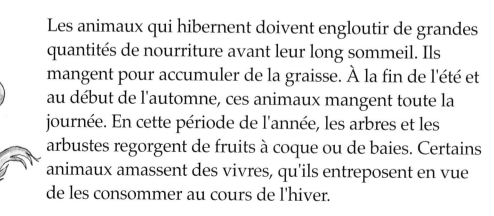

Les animaux qui hibernent doivent engloutir de grandes quantités de nourriture avant leur long sommeil. Ils mangent pour accumuler de la graisse. À la fin de l'été et au début de l'automne, ces animaux mangent toute la journée. En cette période de l'année, les arbres et les arbustes regorgent de fruits à coque ou de baies. Certains animaux amassent des vivres, qu'ils entreposent en vue de les consommer au cours de l'hiver.

Le spermophile, que l'on voit ci-dessus, et le loir, à gauche, sont de vrais hibernants. Ils mangent tout ce qu'ils peuvent avant l'hiver.

Continue de manger !

Les ours, les souris et les écureuils se préparent à l'hiver en mangeant constamment. Leur corps sécrète des substances chimiques particulières appelées **hormones**. Les hormones les poussent à manger de façon à accumuler suffisamment de graisse pour passer l'hiver. Certains animaux, comme les chauves-souris, mangent tellement qu'ils doublent de poids ! De nombreux animaux entreposent aussi des réserves de nourriture qu'ils pourront consommer pendant l'hiver.

Deux types de graisse

On trouve deux types de graisse chez les animaux hibernants : la blanche et la brune. La graisse blanche assure leur survie durant le sommeil hibernal. Cette graisse se consume lentement et procure de l'énergie pendant plusieurs mois. La graisse brune peut se comparer au carburant d'une fusée. On la trouve près du cœur et des poumons, car ce sont les organes essentiels à la survie. Lorsqu'il est prêt à se réveiller, l'animal hibernant a besoin d'un grand apport d'énergie, et c'est cette graisse qui la lui fournit.

Les ratons laveurs engraissent avant l'hiver, mais ce ne sont pas de vrais hibernants. Ils se réveillent de temps en temps pour manger.

L'endroit idéal

Avant d'hiberner, un animal doit trouver et aménager l'endroit où il dormira. Cet endroit devra le protéger des intempéries et des prédateurs voraces. Certains animaux s'installent dans des cavités naturelles, comme des cavernes, pour y passer l'hiver. D'autres, comme cette marmotte, se servent de leurs griffes acérées pour creuser des trous dans le sol. Alors que la température extérieure peut varier quotidiennement, celle du sous-sol ne change que très lentement. Les animaux qui hibernent dans un terrier sont donc à l'abri des caprices du temps, comme le vent, la pluie et la neige. Le sol constitue une barrière qui empêche le froid de les atteindre et qui retient la chaleur du terrier.

Une taille parfaite

Habituellement, le terrier d'un animal est taillé à sa mesure : il le garde donc confortablement au chaud, comme le fait une couverture pendant notre sommeil. Si le terrier était trop grand, l'air froid pourrait y pénétrer et l'animal risquerait d'y mourir gelé. Certains animaux, comme la marmotte des Rocheuses qu'on peut voir à la page 10, recouvrent leur tanière de feuilles, de brins d'herbe et de brindilles afin d'en faire un abri moelleux et confortable. Cette couverture végétale aide à conserver la chaleur à l'intérieur de la tanière.

Lorsque le corps d'un animal perd trop d'humidité, il se **déshydrate**, *ce qui entraîne la mort. Pour éviter de se déshydrater, les chauves-souris hibernent dans des cavernes humides. Leur corps est souvent couvert de gouttelettes d'eau.*

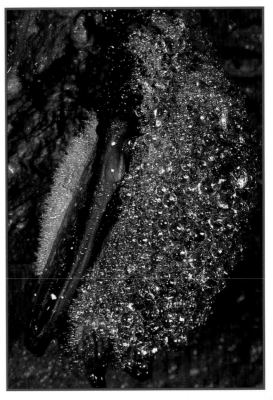

Dormir ensemble

Des animaux tels que les serpents et les chauves-souris sont incapables de creuser des terriers. Ils hibernent dans des cavernes ou dans des cavités entre des rochers. Comme de telles tanières peuvent être assez grandes, ces animaux y hibernent en groupe de plus de cent individus. La chaleur corporelle de chacun contribue à garder au chaud le groupe entier.

ne pas déranger !

Les marmottes sont des hibernants particuliè-rement populaires. On dit que si les marmottes peuvent voir leur ombre lorsqu'elles sortent de leur terrier le 2 février, c'est que le printemps sera tardif.

Les vrais hibernants sombrent dans un sommeil si profond qu'ils donnent l'impression d'être morts. Prendre l'un d'eux dans les mains ne le réveillerait même pas ! Les vrais hibernants sont de petits mammifères, comme le loir, le spermophile et la chauve-souris. Les mammifères sont des animaux à sang chaud, ce qui signifie que la température de leur corps ne change pas, quelle que soit la température du milieu où ils se trouvent. Toutefois, pendant l'hiberna-tion, les vrais hibernants peuvent faire descendre leur température corporelle près du point de congélation et, par le fait même, faire des économies d'énergie.

Au frais et au ralenti

Parmi tous les animaux qui hibernent, c'est chez les vrais hibernants que la température corporelle atteint le degré le plus bas et que le rythme cardiaque est le plus lent. Par exemple, quand un spermo-phile entre en hibernation, la température de son corps passe de 38 °C à 1,7 °C. Son rythme cardiaque peut tomber de cent pulsations à moins d'une pulsation à la minute. Le cœur de l'animal continue de faire circuler le sang, mais à une vitesse tout juste suffisante pour garder l'animal en vie.

Presque mort...

En état d'hibernation, un vrai hibernant respire très lentement. Son cœur bat à peine et son cerveau est presque inactif. L'hibernation véritable diffère du sommeil, au cours duquel le cerveau travaille constamment.

Un pouvoir à la portée des petits

L'hibernation véritable se produit lorsqu'un animal se maintient à une basse température corporelle. Les petits mammifères sont de vrais hibernants, car ils peuvent se refroidir et rester froids. Les grands animaux ne peuvent maintenir leur corps à une température assez basse pour être de vrais hibernants.

De la nourriture et de l'eau

Si la nourriture est importante pour les animaux en raison des **nutriments** qu'elle contient, l'eau l'est tout autant. Les vrais hibernants ne peuvent se réveiller pour boire. Ce sont plutôt leurs réserves de graisse qui leur procurent l'eau dont ils ont besoin.

Pas besoin de sortir !

Lorsqu'un animal utilise des réserves de graisse, cela produit de l'eau. Les vrais hibernants conservent cette eau dans leur corps. Normalement, les animaux doivent uriner pour évacuer l'urée, un poison produit par la digestion des aliments. Mais la graisse corporelle qu'utilisent les animaux pour se nourrir n'entraîne pas la production d'urée; par conséquent, les animaux en état d'hibernation n'ont pas besoin d'uriner.

Pas d'orteils gelés

Un véritable hibernant, comme le loir ci-contre, protège ses pattes du gel en les ramenant vers lui et en se roulant en boule au cours de l'hiber-nation. La température du tronc d'un animal est plus élevée que celle de ses membres. En pressant ses extrémités contre son tronc, l'animal facilite le travail de son cœur pour les réchauffer.

Des quasi-hibernants

Les vrais hibernants ne sont pas les seuls mammifères qui dorment pour survivre à l'hiver. De plus grands animaux, comme l'ours, la mouffette ou le raton laveur, hibernent aussi, mais de façon moins profonde. Ils peuvent se réveiller, au moment des redoux, pour se protéger de leurs ennemis, puiser dans leurs provisions de nourriture ou simplement se dégourdir. Pendant leur hibernation, ces animaux maintiennent une température beaucoup plus basse que la normale, économisant ainsi leur énergie. Toutefois, leur température ne descend pas autant que chez les vrais hibernants. Chez l'ours, par exemple, elle baisse de quelques degrés, passant de 38 °C à environ 34 °C. L'ours est un animal trop grand pour être un vrai hibernant, car la température de son corps ne peut descendre suffisamment et rester assez basse pour qu'il y ait économie d'énergie.

Au-dessus du sol

De nombreux quasi-hibernants ne passent pas l'hiver sous terre. Les écureuils arboricoles et les ratons laveurs dorment souvent en petits groupes dans des arbres creux. Ils font leur nid dans les arbres et y élèvent leurs petits toute l'année.

« J'ai encore faim ! »

Les quasi-hibernants, comme les écureuils, vivent de leurs réserves de graisse pendant leur sommeil hibernal, mais ils mangent aussi de la nourriture. Les jours de redoux, ils se réveillent et mangent des fruits à coque qu'ils ont entreposés au cours de l'automne. Ces aliments aident à remplacer la graisse perdue.

Les ours peuvent attendre

Les fruits à coque que mangent les écureuils et les autres animaux au sommeil léger contiennent des **protéines**. Lorsque leur corps utilise ces protéines, il y a production d'urée; les animaux doivent donc uriner de temps en temps. Toutefois, le corps de l'ours peut recycler ses déchets au cours de l'hiver. Comme les vrais hibernants, l'ours n'urine pas.

Les écureuils trouvent les fruits à coque qu'ils ont remisés et les mangent pendant l'hiver.

# Déjouer le froid

Les reptiles et les amphibiens sont des animaux à sang froid, c'est-à-dire que la température de leur corps change selon la température du milieu où ils se trouvent. Les animaux à sang froid ne produisent pas leur propre chaleur corporelle, contrairement aux animaux à sang chaud. Ils se réchauffent en s'étendant au soleil. L'hiver peut être fatal pour ces animaux, mais nombre d'entre eux ont réussi à déjouer le froid en hibernant.

En automne, les jours raccourcissent et deviennent plus froids. Les couleuvres rayées, que l'on voit ci-dessus, s'en vont sous terre pour échapper à l'air froid. Tout seul, un serpent en état d'hibernation ne pourrait survivre à l'hiver : son sang gèlerait. Ce sont donc des centaines de serpents qui vont ensemble sous la terre. Ce regroupement crée une barrière contre l'air froid, laissant aux serpents suffisamment de chaleur pour survivre.

Dans la vase

Certains animaux à sang froid, comme les grenouilles et les tortues aquatiques, hibernent sous la terre au fond des étangs ou des ruisseaux. Ils creusent un terrier dans la terre molle et y attendent que le printemps réchauffe l'eau de nouveau. À la différence de l'eau de surface, celle du fond ne gèle pas. Les couches de glace, d'eau et de vase permettent à ces hibernants de se protéger de l'air froid extérieur. Bien installés dans leur terrier, ils respirent les bulles d'air emprisonnées dans la vase qui les entoure. Ils n'ont pas besoin de beaucoup d'oxygène pour survivre, parce qu'ils respirent plus lentement qu'ils ne le feraient normalement.

Même si, comme les serpents, les grenouilles sont des animaux à sang froid, elles n'ont pas besoin d'hiberner en groupes imposants pour assurer leur protection. Elles sont capables de se creuser un terrier exactement à leur taille, qui les tient au chaud comme le ferait un manteau d'hiver.

Un hiver douillet

Les **cycles de vie** des insectes sont parmi les plus courts. Ils éclosent, deviennent adultes et se reproduisent plus rapidement que la plupart des autres animaux — parfois en quelques jours seulement ! De nombreux insectes, comme les papillons et les guêpes, ne complètent pas leur cycle de vie avant l'arrivée de l'hiver. Pour survivre jusqu'au printemps suivant, ces insectes entrent dans une sorte d'hibernation appelée **diapause**. Leur croissance est « mise en suspens » jusqu'au printemps.

La plupart des insectes ont un cycle de vie de trois phases. Chaque insecte est d'abord un œuf. Après son éclosion, c'est une **larve**. La larve se développera et se transformera en insecte adulte. En état de diapause, la croissance des insectes s'interrompt jusqu'au printemps suivant. Même les œufs d'insecte, comme les œufs de guêpe que l'on peut voir ci-dessus, peuvent être en diapause pendant l'hiver. Ils éclosent au printemps. Les larves deviennent ensuite de jeunes guêpes adultes.

De l'antigel naturel

Les insectes sont des animaux à sang froid et leur corps minuscule emmagasine très peu de chaleur. Les insectes tels que les guêpes s'amassent en groupe, mais, contrairement aux serpents, ils ne peuvent former une barrière efficace contre le froid. Se regrouper n'empêche pas la température de leur corps de tomber sous le point de congélation. Chose étonnante, leur sang ne gèle pas ! Les insectes ont une sorte d'antigel dans le corps. Cet antigel empêche les liquides de geler. Il permet aux insectes de survivre jusqu'au printemps.

De nombreux insectes hibernants, comme ces coccinelles, s'abritent dans des maisons ou d'autres bâtiments pendant l'hiver.

Au repos !

Les monarques ont recours à l'hibernation et à la migration pour survivre à l'hiver. En automne, ces papillons quittent le Canada ou le nord des États-Unis et parcourent des milliers de kilomètres pour atteindre la Californie ou le Mexique. Ils passent l'hiver en état d'hibernation, posés sur des arbres. Au printemps, ils s'envolent vers le nord. Au cours de leur voyage, ils s'arrêtent, pondent des œufs et meurent. Ces œufs éclosent et finissent par devenir des papillons adultes, qui poursuivent le voyage commencé par leurs parents.

Des lits d'eau

Lorsque les vivres viennent à manquer ou que l'eau devient trop froide, la plupart des poissons migrent vers d'autres régions, mais quelques espèces hibernent. Certaines de ces espèces se pelotonnent au fond du lac ou de l'océan où elles vivent, tandis que d'autres s'ensevelissent dans la vase. De nombreux poissons, comme le maquereau ci-dessus, mangent du plancton. Au cours des mois chauds, les micro-organismes qui constituent le plancton vivent à la surface de l'eau, où il y a du soleil. Lorsque le climat se refroidit, le plancton disparaît progressivement et le maquereau ne trouve plus suffisamment de nourriture. Il se réfugie alors dans des eaux plus profondes et plus fraîches. Sa respiration ralentit et il repose sans bouger au fond de l'océan. Au printemps, le plancton réapparaît dans les eaux ensoleillées de la surface et le maquereau y revient pour se nourrir.

Nager en eau profonde

En hiver, la surface des lacs et des étangs est souvent gelée. Les poissons échappent au gel en nageant en eau profonde. La plupart d'entre eux ne mangent pas beaucoup, au cours de la saison froide. Leur croissance est interrompue pendant un certain temps, mais ils n'hibernent pas véritablement.

Se rouler dans la vase

La carpe est l'une des rares espèces de poissons de lacs qui hibernent. Au moment d'hiberner, la carpe atteint les eaux profondes et s'élance vers le fond. Elle frétille dans la vase jusqu'à s'enfouir complètement. Comme d'autres hibernants, la carpe respire alors deux fois plus lentement.

La carpe est bien connue pour son frétillement. Elle frétille pour creuser un trou dans lequel elle hibernera. Le reste de l'année, elle frétille pour trouver de la nourriture dans le fond du lac.

Rêves d'oiseaux

À l'approche de l'hiver, de nombreux oiseaux, y compris les sternes arctiques que l'on voit ci-dessus, migrent vers des régions plus chaudes. Pendant longtemps, les scientifiques ont cru que l'hibernation n'existait pas chez les oiseaux, mais on sait aujourd'hui que l'engoulevent de Nuttall hiberne pendant toute la saison froide. Il se réfugie alors dans des troncs d'arbre creux ou dans des cavités naturelles entre des rochers. En état d'hibernation, sa respiration ralentit et la température de son corps passe de 38 °C à 18 °C.

Le camouflage de l'engoulevent de Nuttall lui permet d'échapper aux regards de ses prédateurs pendant qu'il hiberne.

Des nuits de tout repos

Le minuscule colibri peut battre des ailes plus rapidement que n'importe quel autre oiseau. Cela représente une importante dépense d'énergie. Chaque nuit, le colibri dort en entrant dans une sorte d'hibernation. Au cours de son sommeil, l'oiseau ne bouge pas et son corps subit une chute de température. Même si le colibri n'« hiberne » que le temps d'une nuit, ce sommeil profond lui permet de faire de remarquables économies d'énergie.

Le colibri dort aussi pour ménager ses forces pendant les longues périodes d'intempéries, alors que la nourriture est difficile à trouver.

Qu'est-ce que l'estivation ?

Les animaux des régions froides ne sont pas les seuls à hiberner. Les animaux des régions chaudes entrent eux aussi dans un état d'inactivité proche de l'hibernation appelé estivation. Ils estivent pour survivre aux saisons sèches, où les pluies sont très rares et où il n'y a pas grand-chose à manger. Ils dorment sous le sol pendant plusieurs mois pour échapper à la chaleur et à la déshydratation jusqu'au retour des pluies.

Tout comme les grenouilles et les tortues aquatiques qui hibernent, les alligators et les crocodiles estivent en s'enfouissant dans la vase au fond des cours d'eau, qui les garde au frais et les protège de la déshydratation. Puisque les grands reptiles n'ont pas d'ennemis naturels, ils peuvent s'allonger et rester longtemps au même endroit. Il n'y a pas de préda-teurs à leur affût pour les attaquer.

Au cours des mois les plus chauds, les tortues du désert estivent en s'enfouissant dans le sable.

La vie dans le désert

Les déserts sont des endroits arides où il ne pleut presque pas. Les reptiles et les mammifères de petite taille qu'on y retrouve se sont adaptés pour pouvoir vivre presque sans eau. En effet, les animaux du désert, tels que le scinque et la gerboise, tirent la plus grande partie de l'humidité dont ils ont besoin des insectes qu'ils mangent. Toutefois, afin de survivre aux mois les plus chauds, ces animaux creusent de profonds terriers dans le sable pour y estiver. Ces terriers les protègent de la chaleur et des prédateurs.

La gerboise en état d'estivation fait penser à son cousin, le loir en état d'hibernation.

Attendre la pluie

On appelle **sécheresse** une longue période de temps sans pluie. Certaines sécheresses durent quelques années. Même un animal en état d'estivation ne peut survivre aussi longtemps sans eau ! Quelques animaux, toutefois, peuvent entrer dans un état de **dormance** et survivre pendant des années, sans boire ni manger.

escargots

L'escargot a un corps mou qui doit rester humide. En période de sécheresse, l'escargot s'enferme complètement dans sa coquille. Il fabrique alors une substance qui scelle hermétiquement l'ouverture de sa coquille. Cette « porte » aide l'escargot à emprisonner l'humidité. Lorsqu'il pleut, l'escargot ressort de sa coquille.

Des survivants minuscules

De nombreux animaux sont si petits qu'on peut les voir uniquement au microscope. Les **amibes** et les **rotifères**, par exemple, sont des animaux **microscopiques**. Avant de sombrer dans un état de dormance, ces animaux protègent leur corps mou d'une pellicule rigide qui emprisonne l'humidité. Lorsqu'il se remet à pleuvoir, le corps de ces minuscules animaux absorbe l'eau et ceux-ci « reviennent à la vie ».

rotifère

amibes

Le dipneuste

Les poissons respirent à l'aide de branchies. La plupart d'entre eux ne peuvent respirer hors de l'eau, mais le dipneuste respire aussi bien hors de l'eau que dans l'eau. Le dipneuste vit dans des cours d'eau et des étangs peu profonds d'Afrique et d'Amérique du Sud.

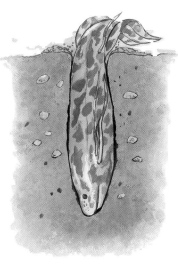

Lorsque ces étangs ou ces cours d'eau s'assèchent, le dipneuste s'enfonce dans la vase. Il crée un cocon visqueux autour de son corps, ce qui lui permet d'emprisonner l'humidité. De plus, le poisson laisse des trous dans la vase, de façon à avoir de l'air à respirer pendant qu'il sera en dormance.

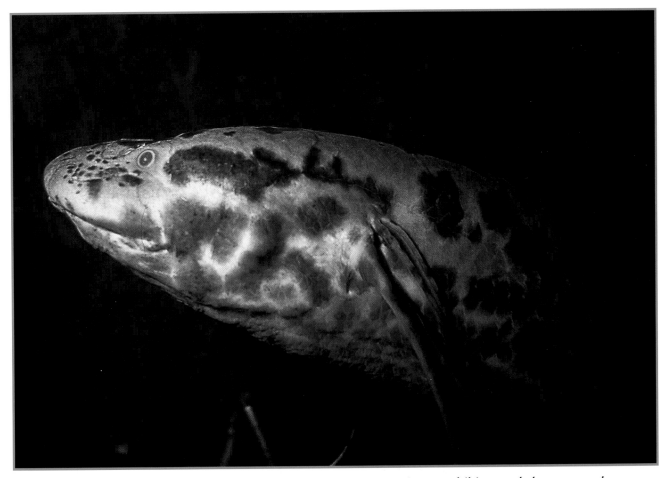

Le dipneuste peut rester en dormance jusqu'à vingt ans ! Certains amphibiens, tels les crapauds, entrent aussi en état de dormance pour survivre à des périodes de sécheresse.

La pouponnière

Les jeunes animaux sont toujours exposés à des dangers. Ils ont de la difficulté à trouver de la nourriture et constituent des proies faciles pour les prédateurs. Les femelles de certaines espèces profitent de la période d'hibernation pour mettre bas et élever leurs petits.

C'est dans sa tanière que l'ourse met bas. Les nouveau-nés sont aveugles, sans poils et tout petits : on pourrait en tenir un dans la paume de la main !

Les réserves de graisse permettent aux femelles de produire le lait pour leurs oursons, mais aussi de la chaleur pour garder la tanière au chaud. Les oursons passent une grande partie de l'hiver éveillés, même si leur mère dort. Ils se blottissent contre elle lorsqu'ils veulent se reposer. Les oursons sont à l'abri des prédateurs dans leur tanière douillette où ils grandiront jusqu'au printemps.

La femelle de l'ours fournit nourriture et chaleur à ses oursons. Elle peut aussi se réveiller rapidement pour les protéger, à l'approche d'un ennemi.

Des œufs gelés

De nombreux animaux sont passés maîtres dans la protection de leurs petits contre le froid ou la sécheresse. Les œufs des crapauds du désert, par exemple, peuvent entrer dans un état de dormance. Si un étang s'assèche, les crapauds pondent des œufs entourés d'un cocon visqueux. Même si les parents ne survivent pas, les têtards attendront le retour des pluies pour éclore. À l'automne, de nombreux insectes pondent leurs œufs sous terre ou dans des troncs d'arbre. Les œufs passent en état de diapause et n'éclosent qu'au printemps suivant (voir page 18).

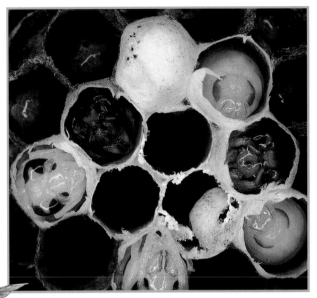

Ces œufs de guêpe écloront lorsque le temps sera assez chaud pour permettre aux nouveau-nés de survivre.

À la recherche de chaleur

Les couleuvres rayées ont leurs petits juste avant d'hiberner. Les jeunes suivent leurs parents sous terre. Pour avoir chaud, ils s'enroulent sur eux-mêmes et se placent au milieu des autres serpents endormis (voir page 16).

Des bébés kangourous en attente

Les kangourous femelles ne mettent bas que s'il y a de l'eau dans leur milieu naturel aride. Leur corps a besoin d'un surplus d'eau pour produire le lait destiné aux petits. Après l'accouplement, la femelle conserve dans son corps les œufs fécondés, qui ne se développeront que s'il y a suffisamment d'eau pour que la femelle puisse produire du lait.

Quel réveil !

Lorsque le printemps revient, les hibernants se réveillent. Certains animaux, comme les ratons laveurs et les ours, interrompent souvent leur sommeil hibernal pour s'étirer et se dégourdir les pattes. D'autres, comme les loirs, les chauves-souris, les serpents et les insectes, sont presque gelés. Ils sont incapables de bouger à leur réveil et doivent attendre que leur corps se réchauffe avant de pouvoir sortir de leur abri. Les scientifiques ne peuvent dire avec certitude comment les animaux savent à quel moment se réveiller. Les quasi-hibernants, comme les ours, quittent régulièrement leur tanière pour guetter les changements qui annoncent le printemps. Mais comment les vrais hibernants savent-ils que leur sommeil doit cesser ? À l'approche du printemps, les jours allongent. Certains savants pensent que les animaux savent que leur sommeil hibernal est terminé quand la période d'ensoleillement a atteint une certaine durée.

Les animaux à sang froid, comme cette grenouille léopard, se chauffent au soleil, après leur hibernation.

Vivre de ses réserves

C'est la graisse brune qu'ils ont emmagasinée qui fournit aux vrais hibernants l'énergie pour se réveiller au printemps. Cette graisse réchauffe le cœur, le cerveau et les poumons. L'animal respire plus rapidement et son rythme cardiaque s'accélère. Son cœur pompe son sang vers ses membres et sa queue. L'animal est alors presque prêt à quitter sa tanière.

Les spermophiles mangent le reste des vivres qu'ils ont entreposés au cours de l'automne, mais de nombreux animaux continuent de vivre de leurs réserves de graisse jusqu'à ce qu'ils trouvent de la nourriture. Les animaux de grande taille, comme les ours, trouvent de la nourriture dès qu'ils quittent leur tanière. Ils enseignent à leurs petits comment attraper de savoureux poissons, comme des saumons.

Glossaire

amibe Minuscule créature constituée d'une seule cellule

cycle de vie Ensemble de changements survenant chez un animal, de sa naissance à sa reproduction

déshydrater, se Perdre l'eau nécessaire à son organisme

diapause Type d'hibernation au cours de laquelle le développement des œufs ou du corps de certains animaux, dont des insectes, est suspendu

dormance État dans lequel les fonctions physiologiques sont ralenties

hormone Substance chimique produite par un animal, qui contribue à la régulation des fonctions corporelles

larve Jeune insecte, après son éclosion

microscopique Qui ne peut être vu qu'au microscope, en raison de sa petitesse

nutriment Substance naturelle qui contribue à la croissance des animaux ou des plantes

prédateur Animal qui chasse et mange d'autres animaux

protéine Substance nécessaire à la croissance, que l'on trouve dans des aliments comme la viande

rotifère Minuscule créature dont le corps n'est formé que de quelques cellules

sécheresse Longue période sans pluie

spermophile Rongeur de l'Arctique, vrai hibernant qui vit dans un terrier

tempéré Décrit un climat qui n'est ni trop chaud ni trop froid

terrier Abri souterrain d'un animal

toundra Plaine sans arbres de l'Arctique

Index